AF204894

Ostern wirft sich jedes Ei in Schale

Ostern wirft sich jedes Ei in Schale

Heitere Geschichten

benno

Bibliografische Information der Deutschen Nationalbibliothek
Die Deutsche Nationalbibliothek verzeichnet diese Publikation in
der Deutschen Nationalbibliografie; detaillierte bibliografische
Daten sind im Internet unter http://dnb.d-nb.de abrufbar.

Besuchen Sie uns im Internet:
www.st-benno.de

Gern informieren wir Sie unverbindlich und aktuell
auch in unserem Newsletter zum Verlagsprogramm,
zu Neuerscheinungen und Aktionen.
Einfach anmelden unter www.vivat.de.

ISBN 978-3-7462-6702-9

© 2025, St. Benno Verlag GmbH, Stammerstr. 9–11, 04159 Leipzig,
info@st-benno.de
Zusammenstellung: Volker Bauch, Gößnitz
Umschlaggestaltung: Karen Münch-Thornton, pictorisdesign
Gesamtherstellung: Ufer Verlagsherstellung, Leipzig (A)

Inhalt

Hahn, Henne und das Osterei . . 63

Wenn Ostern in den April fällt . 75

Wer war als Erster da?
Huhn, Ei oder Hase

Henne oder Ei?

Die Gelehrten und die Pfaffen
streiten sich mit viel Geschrei,
was hat Gott zuerst erschaffen –
wohl die Henne, wohl das Ei!
Wäre das so schwer zu lösen –
erstlich ward ein Ei erdacht,
doch weil noch kein Huhn gewesen –
darum hat's der Has' gebracht.

Eduard Mörike

Was ist das?
Ein Rätsel

Kennst du das?
Ein jeder liebt es,
nicht jeder kriegt es,
mal ist es braun,
mal weiß,
mal bunt,
niemals ganz rund,
nur selten heiß.
Liegt zum Fest
in einem Nest.

Volksgut

Das Osterei

Ei vor Ostern

Heute in einer Woche ist Ostern! Das ist an sich nichts Besonderes, denn das kam in den vergangenen Jahren auch schon mal vor, dass nach einer Woche Ostern war ... Auch in diesem Jahr wird man auf das Osterei ein besonderes Gewicht legen, was aber nur vorsichtig geschehen darf, da Eier überaus empfindlich sind und ein besonderes Gewicht nicht ertragen können. Auch ihr hoher Preis ist kaum zu ertragen, weshalb den Eiern, wenn sie vor Wut kochen, oft genug der Kragen beziehungsweise die Schale platzt.

Aus dem einzelligen Ei entsteht jegliches Leben. Alle werden aus einer Zelle geboren, manche sterben sogar in einer Zelle. Wie wichtig das Ei ist, kann man aus der Tatsache ersehen, dass es im Englischen als einzige Vokabel großgeschrieben wird – wie zum Beispiel in dem Satz: *I love you*, zu Deutsch: *Das Ei liebst du*. Lässt der Engländer das Ei fallen, so sagt er: *I love you very much*, zu Deutsch: *Das Ei liebst du sehr matschig* oder frei übersetzt: *Du liebst Rührei*.

Bei Rührei muss ich immer an die Märchen denken, seien sie von Grimm oder von jemand Andersen. Ei, wie gerührt ist man, wenn plötzlich eine Fee erscheint und dem braven Kinde sagt, es habe einen Wunsch frei ...

Ich habe nun den Wunsch, das nahende Osterfest mit einem kleinen Ostergedicht zu begrüßen:

Wer ahnte, dass zum Weihnachtsfest
die Adelheid mich sitzen lässt?
Das war noch nichts! Zu Ostern jetzt
hat sie mich abermals versetzt!
Nun freu ich mich auf Pfingsten
nicht im Geringsten!

Heinz Erhardt

Osterei und Osterhas

Osterhas, Osterhas,
leg uns recht viel Eier ins Gras,
trag sie in die Hecken,
tu sie gut verstecken;

leg uns lauter rechte,
leg uns keine schlechte,
lauter bunte unten und oben,
dann wollen wir dich bis Pfingsten loben.

Victor Blüthgen

Ostereier

Am Ostermorgen hatte ich im Waldstück hinter unserem Haus fünfzehn bunt bemalte Ostereier versteckt und die Nachbarskinder Günther, Ursula und Liselotte eingeladen.

„Kommt, Kinder", sagte ich nach dem Mittagessen, „wir gehen Ostereier suchen!" Ich sagte dies mit verhaltener Vorfreude auf die Überraschungen und schnitt dabei ein Gesicht wie ein Osterhase, was mir bei meinen langen Ohren mühelos gelang. Die Kinder folgten begeistert. Beim Verstecken hatte ich eine Papierschnitzelspur ausgelegt, leider hatte der Wind sie weggeblasen. Dann kamen die Überraschungen. Ursula schleppte einen alten Sprengzünder mit rotem Zündsatz an. Sie heulte, als ich das Ding in den Bach warf. Günther fiel in einen Ameisenhaufen, auf dem die leeren Schalen von drei Ostereiern lagen. Liselotte wurde von einer Wespe gestochen und beruhigte sich erst, als ich eine andere Wespe fing, die mich stechen durfte.

Dann kam der Förster. Er ließ sich seinen belehrenden Vortrag über das verbotene Betreten der Schonung mit fünf Mark bezahlen, und für meine brennende Zigarette nahm er mir acht Mark ab. Dann wurde er privat.

„Wissen Sie, Herr Frankenstein, dass ich Ihre ‚Musik ist Trumpf'-Sendung jeden Samstag sehe?" Das überraschte mich, denn die Sendung wird nur alle vier Wochen ausgestrahlt. „Sie müssen mal Ihrem Chef vom Fernsehen sagen, dass er mich auftreten lässt. Ich setze dann einem Mann einen Kartoffelkäfer auf die Nase und schieße den aus achtzehn Meter Entfernung ab."

Ich versprach, es zu überlegen. Dann fragte ich ihn: „Waren Sie schon einmal bei Professor Holzamer?" Ich meinte den Intendanten des ZDF.

„Nee", sagte der Förster verächtlich, „ich gehe immer zum Kassenarzt." Ich sah, dass der Förster eine dicke Beule auf der Stirn hatte, und fragte ihn nach der Ursache.

„Wissen Sie, ich habe letzte Nacht geträumt, ich wäre ein Waldspecht. Mein Bett ist aus altem Eichenholz, da muss ich doch wohl zu kräftig zugehauen haben."

Bekanntlich hat ja jeder Beruf gewisse Merkmale, die sich auf die Menschen, die ihn ausüben, übertragen. Vertreter zum Beispiel haben meistens flache Nasen, weil ihnen so viele Türen vor der Nase zugeschlagen werden. Mir ist nur eine Ausnahme bekannt – dieser Vertreter hatte eine spitze Nase, weil er zwischen eine Schiebetür geraten war.

Der Förster hatte Mühe, der albernen Geschichte zu folgen. Viel Zeit zum Überlegen blieb nicht, denn die Kinder machten uns mit Geschrei auf ein kleines Feuer aufmerksam, das sich aus des Försters brennender Kippe entwickelt hatte. Gemeinsam trampelten wir den minimalen Waldbrand aus. Für meine Hilfe erhielt ich acht Mark zurück, die ich quittierte und darum auch versteuern muss.

Der Förster und ich trennten uns mit herzlichen, warmen Worten und heißen Schuhsohlen. Die Kinder und ich suchten weiter, wir fanden Seltersflaschen, Büchsen, Prospekte, einen Schuh, Zeitungen, ein Vereinsabzeichen und einen Schlips.

Aber kein einziges Osterei. Etwas bedrückt gingen wir nach Hause, und unterwegs sahen wir sie – eine kinderreiche Familie, die Eier aß. Meine Ostereier.

Peter Frankenfeld

Ostern

Wenn die Schokolade keimt,
wenn nach langem Druck bei Dichterlingen
Glockenklingen sich auf Lenzeschwingen
endlich reimt
und der Osterhase hinten auch schon presst,
dann kommt bald das Osterfest.

Und wenn wirklich dann mit Glockenklingen
Ostern naht auf Lenzesschwingen –
dann mit jenen Dichterlingen
und mit deren jugendlichen Bräuten
draußen schwelgen mit berauschten Händen –,
ach, das denk ich mir entsetzlich,
außerdem – unter Umständen –
ungesetzlich.

Aber morgens auf dem Frühstückstische
fünf, sechs, sieben flaumweich gelbe frische
Eier. Und dann ganz hineingekniet!
Ha! Da spürt man, wie die Frühlingwärme
durch geheime Gänge und Gedärme
in die Zukunft zieht und wie dankbar wir für solchen Segen
sein müssen.

Ach, ich könnte alle Hennen küssen,
die so lang gezogene Kugeln legen.

Joachim Ringelnatz

Und der Osterhase legt

(Bald sehr eitel, bald bewegt)
Rührei oder Spiegelei.
Schauerlich stöhnt er dabei.

Joachim Ringelnatz

Lieber guter Osterhase ...

Die Osterhasen-Familie

Erst kommt der Osterhasenpapa,
dann kommt die Osterhasenmama
und hinterdrein so klimperklein
die Osterhasenkinderlein.
Sie haben braune Röckchen an
und weiße Stummelschwänzchen dran.
Sie machen ihren Ostergang.
Da draußen auf dem Feld entlang.

Volksgut

Rätselhaftes Ostermärchen

Der FrackverlOher HOnrich OstermOO kehrte am ersten OsterfOOtage sehr betrunken hOm. SOne Frau, One wohlbelObte, klOne Dame, betrieb in der KlOststraße Onen OOhandel. Sie empfing HOnrich mit den Worten: „O O, mOn Lieber!" DabO drohte sie ihm lächelnd mit dem Finger. Herr OstermOO sagte: „Ich schwöre Onen hOligen Od, dass ich nur ganz lOcht angehOtert bin. Ich war bO Oner WOhnachtsfOO des VerOns FrOgOstiger FrackverlOher. Dort hat Ones der Mitglieder anlässlich der Konfirmation sOner Tochter One Maibowle spendiert, und da habe ich denn sehr viel RhOnwOn auf das Wohl des verehrten JubelgrOses trinken müssen, wOl man ja nicht alle Tage zwOundneunzig Jahre alt wird." Frau OstermOO schenkte diesen Beteuerungen kOnen Glauben, sondern sagte nochmals: „O O, mOn Lieber!" Worauf ihr PapagO die ersten zwO Worte „O O" wohl drOßigmal laut wiederholte. Über das GeschrO des PapagOs geriet HOnrich in solche Wut, dass er On BOl ergriff und sämtliche OOOO zerschlug. Frau OstermOO wurde krOdeblOch und lief, triefend von Ogelb, zur PolizO. Ihr Mann aber ließ sich erschöpft auf Onen Stuhl nieder und wOnte lOse vor sich hin. Bis ihm der PapagO von oben herab On OsterO in den Schoß warf. Da war alles vorbO.

Joachim Ringelnatz

Der Osterhas

Nun kommt das Osterhäslein bald
gesprungen aus dem grünen Wald,
will allen braven Kinderlein
viel Eier legen ins Nest hinein.

Was frisst das Osterhäslein gern?
Frisst wohl Rosinen und Mandelkern?
Nein – Blümchen, gelb und rot wie Blut,
und grünes Gras, das schmeckt ihm gut.

Drum legt es auch ein rotes Ei,
vielleicht ein gelbes auch dabei,
und springt geschwind, husch, husch, husch,
dann wieder fort in Wald und Busch.

Komm, Osterhäslein, komm zu mir,
dein Nestlein ist schon fertig hier
von weichem Moos gar zart und fein,
leg nur manch schönes Ei hinein.

Georg Christian Dieffenbach

Zwischen Berg und tiefem Tal

Zwischen Berg und tiefem, tiefem Tal
saßen einst zwei Hasen,
fraßen ab das grüne, grüne Gras
bis auf den Rasen.

Als sie sich nun satt gefressen hatten,
setzten sie sich nieder,
bis dass der Jäger, Jäger kam
und schoss sie nieder.

Als sie sich nun aufgerappelt hatten
und sie sich besannen,
dass sie noch am Leben, Leben warn,
liefen sie von dannen.

Alte Volksweise

Ostermärchen

Es war einmal ein kleiner Junge, dem träumte in der Nacht vom Ostersamstag zum Ostersonntag, er läge nicht in seinem Bettchen in der warmen Stube, sondern draußen auf der Wiese unter dem blassen Vollmond und den silbernen Sternen. Dort läge und schliefe er, warm eingehüllt, damit ihm der Nachtwind nicht schade, der die Blütenzweige über, ihm leise bewegte. Und ihm zu Häupten, so träumte ihm, stände ein mit Blättern ausgelegtes Körbchen auf dem Rasen und drei Osterhäslein wären damit beschäftigt, die schönen Eier, die in dem Körbchen lagen, zu ihm hinzutragen, sie ihm sacht unter die Hand zu schieben und auf den Arm zu legen; und wenn er dann erwachte, dann würde er all die schönen Eier finden und mit ihnen zu Vater und Mutter springen dürfen.

So träumte unser kleiner Junge in der Nacht zum Ostersonntag.

Als es aber zwischen fünf und sechs Uhr morgens war oder war es noch nicht einmal so spät, da erwachte Fritz, denn so hieß der kleine Knabe, und sprang aus dem Bette. Nun, Eier lagen freilich keine auf seinem Arm oder in seiner Hand, das musste ihm also wohl bloß so geträumt haben. Aber Ostermorgen war es wirklich. Da sollte man doch wenigstens in den Garten hinunterschauen, denn wer weiß, wer weiß …? Und Fritzchen stieß rasch die Fensterläden auf da stand aber sein Mäulchen

auch gleich offen, ganz ebenso offen wie die Fensterläden. Nein, seht doch, seht doch nur!

Was war das aber auch für eine Ostermorgenpracht! Der
Himmel war von der ersten Morgenröte so zart und
rosig gefärbt, wie das eben nur an einem Ostermorgen
sein konnte, wo auf allen Beeten Ostereier lagen, kreuz
und quer, große und kleine in allen Farben, sodass der
Himmel durchaus nicht zurückbleiben durfte, sondern
zeigen musste, dass auch er in gar köstlichen Farben
prahlen und strahlen könne, er, der junge leuchtende
Ostersonntagsmorgenhimmel, über dem noch die letzten blassen Sterne der Nacht funkelten, wie als ob auch
sie noch ein klein wenig von all der Osterherrlichkeit
erhaschen wollten.

Draußen im Garten aber begann jetzt ein reges Leben.
Hin und her sprangen die munteren Osterhäschen, legten noch hierhin und dorthin ein schönes buntes Ei, das
eine nach dem einen Ende des Gartens, das andere nach
dem andern. Und welche wieder saßen mit gespitzten
Ohren oder vielmehr Löffeln (denn so nennt man ja die
Ohren des Hasen) um einen Eierkorb und bewachten ihn,
bis dann später die Kinder kämen. Inzwischen ging die
Sonne schon halb auf, und der Mond, der alte Nacht-
wächter, wurde immer schläfriger und schläfriger und
dachte: Jetzt werde ich wohl auch bald nach Hause gehen
können. Ja, das war eine drollige Geschichte! Saß da auch
so einer von unseren fleißigen Osterhäschen unter den
lieblichsten Blütenzweigen, die man sich denken kann,
und legte eben ein wunderschönes Osterei nach dem

anderen, als vier Schmetterlinge angeflogen kommen und ihn ganz ohne Scheu umflattern. Ja, der eine hält gar seinen weichen braunen Rücken für ein höchst behagliches Ruhekissen, auf dem man sich – warum auch nicht? – wohl auf eine Weile niederlassen und ausrasten könnte. Unser kleiner Hasenfreund hat zwar gegen diese lichtfarbigen Sommerkinder sonst nicht viel einzuwenden aber sollte das nicht schließlich doch über den Spaß gehen? Man ist doch ein großer ausgewachsener Hase und darf also wohl einen gewissen Respekt fordern! Wo käme die Welt denn hin, wenn solch ein kleiner kecker Geselle sich einem einfach auf den Rücken setzen dürfte, als wäre man nur eben ein Sofa für ihn, und das noch dazu während eines so wichtigen Geschäftes! Nein, nein, man darf unserem Freund sein sehr erstauntes Gesicht wahrlich nicht übel nehmen, auf dem unverkennbar geschrieben steht: Ich finde das sehr, sehr merkwürdig!

Es mochte acht oder neun Uhr sein, da gingen die Eltern mit den Kindern durch den Garten. „Nun wollen wir doch einmal sehen", sagten sie, „ob euch die Osterhasen auch schöne Eier versteckt haben!" Voraus aber ging Nesthäkchen, das kleinste, und richtig! Da hatte es auch schon drei Eier gefunden, die auf einem Häuflein zusammenlagen: ein rotes, ein blaues und ein gelbes Ei. Der Vater aber streckte die Hände aus und rief: „So, nun gib sie mir, mein Liebling! Und ich gebe sie dann der Mutter in ihr Körbchen, nicht wahr? "Die Mutter aber sah gerade zu dem Blütenstrauch hin, unter dem Fritz eine Menge Ostereier entdeckt hatte, was ja freilich auch nicht gar so schwer war. Fritz aber war gleichwohl ganz stolz darauf, als wäre er Wunder wie schlau gewesen.

„Was meinst du", sagte der eine Hase draußen auf dem Wiesenhügel zum anderen, „sollten wir nicht durch dieses offene Fenster hier in die Wohnstube hineinhoppeln?" „Ja, ja, das tun wir", meinte der andere.

„Denn hier draußen, da haben wir ja den Leuten vom Hause schon eine ganze Osterbescherung aufgebaut, also werden sie wohl nichts dagegenhaben, wenn wir unsere Ostereier auch noch drinnen verstecken." „Gewiss nicht", sagte der andere. „Und dann, weißt du, gibt es nichts Lustigeres, als solch ein Wohnzimmer heimlich mit Ostereiern auszulegen. Da macht man zuerst die schönsten Figuren auf dem sauberen weißen Tischtuch, und dann kommt die Kommode an die Reihe und dann der Lehnstuhl und dann das Sofa." „Also dann los! Hopp du nur voran, ich komme schon mit."

Als die Osterhasen nun mit allem fertig sind und richtig in der Stube drinsitzen und mit ihnen noch drei kleine Hasenkinder, die so lange gebettelt hatten, bis sie ihnen erlaubten mitzukommen da läuft plötzlich Nesthäkchen herein, das jüngste Töchterchen, das ein paar Stunden früher ein rotes, ein blaues und ein gelbes Ei gefunden hatte. Das sieht nun die Hasen und Hasenkinder ganz einfach auf dem Tisch und dem Sofa und den Stühlen sitzen, so als wäre das ganz selbstverständlich. Und nun gucken sie sich ganz erstaunt an, Nesthäkchen und das eine Hasenkind, das eine Hasenkind und Nesthäkchen. Aber fürchten tun sie sich nicht im Mindesten voreinander, das kleine Menschenkind und das kleine Hasenkind, und das ist recht so, und das ist gerade das Schöne dabei. Nur der eine alte Hase, der macht einen gewaltigen Satz vom Tische weg. Da sind die Hasenkinder doch viel vernünftiger. Bim, bam, baum, born bim, bam, baum, born, das läutet und läutet vorn Turm, und die Schneeglöckchen und Märzbecher und die anderen kleinen Blumenglocken läuten auch noch dazu, nur sehr viel leiser und ferner: Bim, bam, baum, born ...

Ach, dieses viele Herumlaufen und Eiersuchen! Soll man da nicht ein ganz, ganz klein wenig müde werden dürfen? Bim, bam, baum, born, so wohl und so fein läutet es dich in Schlaf und Traum. Was läutet er wohl, der Glockenturm, mit den vielen schönen Glocken? Ei, das will ich dir wohl sagen: Er läutet Ostern ein!

„Ostern?" sagst du. „Nun ja, Ostern!" Weißt du denn auch so recht von Herzen, was Ostern ist? Ostern oder Auferstehungszeit? Ja, du liebes Kind, fühlst du denn auch so recht, was das für ein Fest ist, das diese Glocken dort vom Turm so freudig einläuten mit ihrem hellen, klingenden Bim-bam-baum-born, dass die Lerchen, die droben im blauen Himmel jubilieren, kaum wissen, wie sie mit ihren kleinwinzigen Kehlen da noch mitkommen sollen? Heute, in dieser heiligen Osternacht, da waren der Winter in seinem großen weißen Schafspelz und der Frühling in seinem leichten blau und weiß gestreiften Anzug zum letzten Mal zusammen. Denn da hat der alte Winter seinem Sohne auf die Schulter geklopft und hat ihm seinen Königsring gegeben, seinen Königsring aus purem Golde und einem purpurnen Edelstein inmitten, und hat zu ihm gesagt: „So, jetzt sei du König. Ich bin alt und will in meine Höhle hinten im Walde gehen, da, wo der Dachs wohnt, unter den vom Wind gestürzten Tannen, und der Uhu, der nachts umherfliegt und seinen Ruf ruft und mit seinen glühenden Augen durch die finsteren Zweige äugt. Da, ja, da gehöre ich nun hin und in diese Welt hier." Dazu machte der Winter eine große, alles umfassende Handbewegung über die junge Wiese hin, auf der sie standen und aus deren schwachem Gras schon die Märzveilchen lugten, und über die jungen Wälder, in denen die weißen zarten Birken zu knospen anfingen und die Kätzchen schon munter sprossen, und über den jungen Himmel hin, an dem eine ganz große Herde grauweißer Lämmerwölkchen dahinzog und wartete, bis Mond und Sterne untergegangen wären und sie die liebe rote Sonne auf ihren Pelz kriegen würden, über all das machte der Winter solch eine mächtige, weit ausladende Handbewegung hin und sagte: „In diese Welt gehörst jetzt du. Jetzt blase du dein süßes, gewaltiges Hirten- und Auferweckungslied, dass die Erde zu blühen anfängt wie ein einziger wunderseliger Garten und morgen früh alle Menschen, Groß und Klein, Alt und Jung, wissen und sehen und schmecken und fühlen, dass du gekommen bist, du, der Frühling, mein lieber Sohn! Den Tag aber, wo sie das zum ersten Mal so ganz überwältigend sehen und schmecken und fühlen (also den morgenden Tag, wenn du nur recht dein Werk tust), diesen Tag, den nennen die Menschenkinder Ostern nach deiner lieben Mutter, meiner königlichen Gemahlin Ostara, von der du all deine Schönheit und deinen Frohsinn geerbt hast, du wilder Zauberer und Götterliebling!"

Und wie er das so sagte, der alte weißbärtige Winter, und dabei sich auf die flachsblonden Goldlocken seines Sohnes niederbeugte, um ihn zu segnen, da wurde ihm ganz weich ums Herz, sodass ihm ein riesiger Eiszapfen auf der linken Wange schmolz und auf den Frühling in seinem leichten Anzug herniedertropfte. Da lachte der sein hellstes Lachen und rief, indem er die Arme schnell noch einmal um den Vater schlang, ihn mitten auf den Mund küsste und dann nach dem Wander- und Hirtenstab sprang, der unweit über dem Wiesenbach wie ein Brücklein lag: „Aber Herr Vater! Wir sehen uns doch wieder im Oktober oder im November oder spätestens zu Weihnachten oder glaubt der Herr Vater, ich würde dies Jahr nicht wiederkommen mit meinem Korb voll Äpfel?"

„... und dass du mir ja guten Wein mit heimbringst", lachte der Alte nun auf und wischte sich mit dem Schafspelzärmel den Rest des Eiszapfens vom zwinkernden Auge. „Soll geschehen! Soll geschehen!" hallte es nun schon von jenseits des Baches wider; denn der Frühling begann jetzt auszuschreiten, um sein großes Auferweckungswerk zu vollbringen.

„Vergiss mir auch die Kinder nicht und dass die Osterhasen auch ihre Pflicht tun!" war das Letzte, was er von dem Alten noch hörte. Dann zogen sie ein jeder seines Weges, der Winter in seinen Wald und der Frühling hinaus über die weite Erde.

Seht ihr, das hat nun alles der kleine Junge hier auf der Wiese geträumt, und ganz gewiss waren es die Blumenglöckchen, die ihm diesen Traum vom alten Winter und vom jungen Frühling zugeläutet haben.

Denn, Kindlein, alles, was Glocken heißt, das hat ja der Frühling besonders lieb. Das muss ihm wecken helfen. Die Augen, die weckt er mit all den köstlichen bunten Farben, mit dem Blau des Himmels, dem Gelb der Schmetterlinge, mit dem Grün der Wiesen und dem Rot der Blumen. Und damit auch, wie solch ein Pflänzlein geformt und gebildet ist: bald als Stern, bald als herzförmiges Blatt, bald als ein Becherchen, aus dem die Bienen trinken werden, bald als ein Glöcklein und bald als ein Röcklein. Die Nasen aber weckt er mit all dem süßen Duft, der aus hundert und aberhundert Blütenkelchen steigt, und die Ohren, die weckt er auf mit dem Gesang der Vögel und dem Jubel der Kinder und dem Summen der Bienen. Doch das genügt ihm immer noch nicht: Und da ist er denn über die Maßen froh, dass die Menschen Türme gebaut haben mit Glocken darin, ganz eigens dafür bestimmt, ihm wecken zu helfen. Aber selbst das wäre ihm noch nicht genug. Denn wenn nun doch ein Kind trotz all der lauten Turmglocken mitten auf der Wiese mitten in der Morgensonne und noch dazu neben einem Korb, gefüllt mit großen bunten Ostereiern, eingeschlafen ist wie unser kleiner Fritz? Ja, was dann? Dann braucht er eben noch andere Glocken; solche, die noch ganz anders läuten als die großen, plumpen Glocken aus Kupfer und Eisen; solche, die man nur hören kann, wenn es so still in einem ist, dass man sonst gar nichts hört von der ganzen Welt um einen herum; die einen ganz drinnen, ganz tief drinnen aufwecken, dass auch die kleinsten, verborgensten Herzlein des Frühlings voll werden, dass alles Gute und Liebe in ihnen die Augen aufschlägt. Dann sagen solche Herzlein wohl ganz leise im Traum: „Oh, wie gut ist doch das alles! Wie gut sind Vater und Mutter, wie sorgen sie für mich, wie beschenken, wie erfreuen sie mich. Und auch die lieben Osterhasen, dass auch sie an mich gedacht haben! Und all die Blümchen und Vöglein und Schmetterlinge, wie gut sind sie alle! Ich will auch gut sein, ich auch, ich kleiner Mensch, ich will auch so lieb und gut sein wie sie alle, mein ganzes Leben lang."

Ihr Kinder, liebt mir die kleinen Glockenblumen und tut ihnen, ihnen ganz besonders, nie etwas zuleide. Dafür, müsst ihr wissen, begleiten sie euch auch überallhin, wohin ihr nur kommt: Ihr findet sie im Tale wieder und auf den hohen Bergen und am Meeresstrande und immer werden sie euch etwas Liebes zu sagen haben, wenn ihr müde geworden seid und die großen ehernen Glocken der Welt nicht mehr hört und auf der Wiese eingenickt seid wie hier unser kleiner guter Fritz. Als der Abend dieses schönen Ostertages gekommen ist und die Kinder in ihren Bettchen liegen, da setzt sich die Mutter noch ein Weilchen zu ihnen und erzählt ein wenig von der weiten Reise der Sonne, vom Ostermond und von den Sternen. Dann singt sie ihnen ein Schlummerliedchen, und das wollen wir nun alle ganz leise mitsingen:

Träum, Kindlein, träum!
Im Garten stehn zwei Bäum.
Der eine, der trägt Sternlein,
der andere Mondenhörnlein.
Da kommt der Wind der Nacht gebraust
und schüttelt die beiden mit rauer Faust.
Das Mondenhörnleinbäumlein steht,
als wäre gar kein Wind, der weht.
Dem Sternenbäumlein aber, ach,
dem fallen zwei Sternlein in den Bach.
Da kommen zwei Fischlein munter
und schlucken die Sternlein hinunter.
Und hätte es nicht sterngeschnuppt,
so wären sie nicht so schön geschuppt.
Träum, Kindlein, träum,
im Garten stehn zwei Bäum ...
Der eine, der trägt Sternlein,
der andre Mondenhörnlein ...
Träum, Kindlein, träum ...

Christian Morgenstern

Den Osterhasen fangen

Fünf Männlein sind in den Wald gegangen,
sie wollten den Osterhasen fangen.
Der Erste, der war so dick wie ein Fass,
der brummte immer: „Wo ist der Has?"
Der Zweite, der schrie:
„Da! Da sitzt er ja!"
Der Dritte, der war der längste,
aber auch der bängste.
Der fing an zu weinen:
„Ich sehe keinen!"
Sprach der Vierte: „Das ist mir zu dumm,
ich kehre wieder um!"
Der Kleinste aber – wer hätte das gedacht? –,
der hat's gemacht,
der hat den Hasen nach Hause gebracht.
Da haben alle Leute gelacht:
„Ha, ha, ha, ha!"

Volksgut

Die Entlarvung des Osterhasen

Ich muss ein geradezu reizendes Kind gewesen sein. – Wer mich noch nicht lange genug oder gar nicht kennt, der kann das nicht beurteilen. Denn ich habe mich im Laufe der Jahre ziemlich verändert ... Trotzdem soll mich niemand um Fotografien aus jener Zeit bitten, damit er meine damaligen Vorzüge begreife! Nicht etwa dass solche Fotografien nicht existieren! Aber sie werden mir nicht gerecht; ich bin darauf einfach nicht gut getroffen. Eher möchte ich schon empfehlen, sich an meine Mutter zu wenden, deren Adresse mitzuteilen ich gern erbötig bin. Ihre Auskünfte, sicher auch die meiner Tante Lina, ferner die weit zurückreichenden Erinnerungen des Fräuleins Haubold aus der Färbereifiliale und der Bäckermeisterin Wirth – um nur einige Kronzeugen meiner Kindheit zu nennen –, kurz, eine imposante Summe des vollsten Vertrauens werter mündlicher Überlieferung wäre recht wohl dazu geeignet, auch den letzten Zweifel gegenüber meiner Behauptung zu entkräften, die ich zu meinem eigenen Bedauern wie einen mathematischen, jedes Beweises gern entratenden Lehrsatz wiederholen muss:
Ich muss ein geradezu reizendes Kind gewesen sein. – Nichts wird dem, der Gemüt zu besitzen vorgibt, verständlicher sein, als dass ich mich mit einer ans Leidenschaftliche grenzenden Vorliebe jenes vergangenen Lebensabschnittes erinnere, in dem es mir vergönnt

war, staunende Beachtung zu finden. Ja, ohne Übertreibung darf ich es aussprechen: Ich werde mir unvergesslich bleiben ... Wie wundervoll war es doch, das Raunen der Erwachsenen zu kosten, wenn ich anlässlich der öffentlichen Osterprüfungen vor das Katheder trat, um ein Gedicht von Viktor Blüthgen oder Ludwig Uhland zu deklamieren! Wie ergriff mich die Feststellung, dass die Augen des Oberlehrers voller Zärtlichkeit auf mir ruhten und dass über die Wangen auch der neidischsten Mütter Tränen der Rührung bis zu Erbsengröße rollten! Oft hat man böse Worte gegen die Musterschüler gesprochen und geschrieben; man hat sehr unrecht daran getan. Mehr sage ich nicht, obwohl gerade ich dazu berufen wäre; denn ich war ein Musterschüler, wie er prächtiger und exemplarischer nicht wieder zur Welt kommen dürfte ...

Musterschüler zu sein ist eine keineswegs jedem Beliebigen zugängliche Aufgabe. Es ist vielmehr ein Talent, dessen Geheimnis darin besteht, den Lehrern nicht nur Freude zu machen, sondern sogar Freude an ihnen zu haben. Wer zweifelt noch daran, dass dies besondere Eignung voraussetzt? Am liebsten rufe ich Erinnerungen an das erste Schuljahr wach ... Denn jener Schritt, mit dem ich über die Schwelle des Klassenzimmers stolperte, dass die Zuckertüte ihre bunte Spitze und ihren süßen Inhalt verlor – jener Schritt bedeutete das Heraustreten des Kindes aus dem engen Kreis der Familie in die Bezirke des öffentlichen Lebens; jener Schritt galt gewissermaßen der erstmaligen Ausübung staatsbürgerlicher

Pflichten. Ich wage nicht zu behaupten, dass mir damals die ganze Schwere jenes stolpernden Schrittes klar zum Bewusstsein gekommen wäre. Das wohl nicht. Aber im Herzen des zum Bürger geborenen Kindes muss sich dergleichen instinktiv geltend machen, ehe es mit dem Kopfe begriffen wird. So erging es mir. – Und ähnlich, wie ich die Bedeutung des Schulbeginns empfand, sollte ich bald auch die der Persönlichkeit nachteiligen Folgen des öffentlichen Lebens spüren. – Der Lehrer meines ersten Schuljahres hieß Bremser. Genauer: Herr Bremser. Ihm verdanke ich wesentliche Förderungen. Sein Name soll mich nicht ungerecht machen. Ohne jede Übertreibung darf ich sogar sagen: Ich habe seitdem nicht mehr allzu viel hinzugelernt. Natürlich einzelne Dinge, tausend Zahlen, windige Neuigkeiten, das wohl. Doch was ich ihm verdanke, ist weit mehr. Er lehrte mich die Wirklichkeit sehen: Er ließ mich wissen, dass nichts ohne Ursachen und Folgen geschieht und dass die Fantasie ein Organ ist, das weggeschnitten zu werden verdiente, da es doch nichts nützt, und, wenn es sich bemerkbar macht, schlimme Erkrankungen hervorruft. Und das kam so: Die letzte Stunde vor den Osterferien – ein ganzes Jahr war bereits verflossen –, diese letzte Stunde wurde weder mit komplizierten Schreibübungen noch mit einstelligen Rechenkünsten zugebracht, sondern mit improvisierten Darbietungen des Lehrers selber. Eine fraglos schöne, alte Sitte. Er ging so weit, dass er uns fragte, was er denn nun erzählen solle. Wie ein Magier, der jeden Wunsch zu erfüllen imstande ist, lehnte er seine halbkugelrunde Weste gegen die Bordkante des Katheders und ließ Blicke väterlicher Güte über die kleinen Männer gleiten. Da zuckte es in den vorschriftsmäßig gefalteten Händen; da wurden die arglosen Gesichter nachdenklich; da gingen die wunderlichsten Wünsche und Rätsel hinter den sauber gekämmten Haarschöpfen spazieren. Herr Bremser war die Geduld in Person. Ermunternd wanderten seine Augen von einem zum anderen. Schließlich sagte irgendein munteres Stimmchen: „Etwas vom Osterhasen!" Dieser Wunsch war, da Ostern vor der Schultür stand, vollkommen begreiflich. Und ebenso begreiflich war es, dass alle einverstanden waren. Jeder war willens, etwas vom Osterhasen zu hören. Freilich nicht die allgemein bekannten Tatsachen vom Legen, Färben und Verstecken der Eier, nein, etwas Apartes! Am liebsten eine kleine spannende Geschichte, in der jener wundervolle Hase die Heldenrolle spielen sollte ... Herr Bremser nickte mit dem Kopf, schwenkte das eine Bein über die Kathederecke, wie er das so zu tun liebte, schaute sinnend in den Schulgarten hinaus, der schon zu grünen anhub, räusperte sich und sagte: „Ja, glaubt ihr denn noch an den Osterhasen?" Und von dem Bedürfnis hingerissen, Kinderpsychologie experimentell zu betreiben, fuhr er fort: „Also – wer noch an den Osterhasen glaubt, der hebe die Hand!" Schon reckte er den Arm, um besser zählen zu können. – Aber niemand hob die Hand ... So sicher es war, dass alle an den Osterhasen glaubten, so klar wurde es ihnen plötzlich, dass dieser Glaube ein

Zeichen von Dummheit sei. Welcher Mensch aber hat den Mut, sich zu seiner Dummheit zu bekennen? Und gar welches Kind? Mit einem Male wussten alle, dass es keinen Osterhasen gab. Niemand wusste noch, wie sich das Eierlegen sonst erklären lasse. Nun, diesen Bildungsdefekt zu beheben war das Werk einer kurzen Stunde. Der radikale Inventurausverkauf unseres Märchenglaubens kam überraschend. Ich kann es nicht leugnen. Und dass ich zu Hause schrecklich geheult habe und dass meine Mutter sehr geschimpft hat, weiß ich noch recht gut. Aber, nicht wahr, was will das besagen gegenüber der Tatsache, dass man uns an diesem Tage menschenunwürdige Einbildungen entriss! Nun waren wir doch auf der kerzengeraden Marschroute in den Konfirmationsanzug! Noch ein paar Jahre Addieren und Dividieren, Bibelsprüche und Gesangbuchverse, Jangtsekiang und Ludwig den Bayern – das war das wenigste ... An jenem Tage ging eine neue Sonne auf und eine alte Welt unter ... Im Ernst: Wenn ich meinem Lehrer noch einmal begegnen sollte – der Wahrscheinlichkeitsrechnung nach kann er noch rüstig am Leben sein –, ich würde ihm sagen: „Werter Herr! Sie waren seinerzeit so liebenswürdig, mich etwas plötzlich auf die Wirklichkeit vorzubereiten, als Sie den Osterhasen umbrachten. Beim Fortschritt der Menschheit, an den Sie glauben, das war für mich ein wenig hart. Und wüsste ich, dass Sie noch heute an jenen Fortschritt glauben – ich bin gern bereit, Sie von diesem Märchen zu erlösen. Eine Liebe ist der andern wert. Aber er wird mir nicht begegnen. Und das ist ebenso gut. – Heute hat sich wohl auch das geändert. Heute sagen die Kinder, während sie zur Welt kommen, zu ihren Eltern: „Also, dass ihr es wisst! Die Geschichte mit dem Storch, die könnt ihr euch schenken! Apropos, was haltet ihr vom Darwinismus?" Ja, der Fortschritt ...

Erich Kästner

Gedichte und Reime von Osterhasen und anderen Hasen

Um den Hasen zu fangen,
den schnellen und scheuen,
musst du etwas Salz auf den Schwanz ihm streuen.
Mir ist es leider noch nie gelungen,
denn kam ein Hase angesprungen,
hatte ich leider das Salz vergessen.
Ein andermal hab' ich lang dagesessen,
tat mit Salz in der Hand nach dem Hasen spähen ...
Doch dann ließ sich kein einziger Hase sehen.
Nun nimm dir Salz! Ich wünsche dir,
dass es bei dir viel besser klappt als bei mir.

Osterhäschen, warst du da?
Osterhas', wir wissens ja!
Hast die Eier gut versteckt,
doch wir haben sie entdeckt.
Rufen fröhlich: „Danke schön!
Osterhas', auf Wiedersehn!"
Ich will Ostereier malen,
sagt der Peter schlau.
Eier haben bunte Farben.
Fange an mit Blau.
Nehme dann die rote Farbe,
hinterher noch Grün.
Lass sie dann für eine Weile
noch im Gelben drin.
Jedes Ei mit allen Farben
färbt der Peter schlau.
Als er endlich fertig ist,
sind sie schwarz und grau.

Gehorsamer Diener,
was machen die Hühner?
Legen sie brav Eier
für die Ostereier?
Die Kinder bauen schon ein Nest
für Ostereier zum Osterfest.

Rolf Krenzer

Ostermärchen

Am Abend vor Gründonnerstag lag der kleine Fritz mit wachen Augen im Bett und konnte und konnte nicht einschlafen. Beständig musste er an morgen denken, wo er mit seinen Geschwistern – wie alle Jahre – Ostereier suchen würde. Wie viel es wohl sein und wie sie wohl aussehen und wie groß sie sein würden?

Während er noch darüber nachsann, hörte er plötzlich hinter sich ein feines Stimmchen seinen Namen rufen. Mehr erstaunt als erschreckt drehte er sich um und sah – einen kleinen Hasen auf dem Stuhl am Kopfende seines Bettes sitzen. „Mein Name ist Kohlfraß", sagte das Häschen. „Darf ich dich zu einem Spaziergange einladen?" Fritzchen verwunderte sich zwar ein bisschen über den Einfall, jetzt spazieren zu gehen, erklärte sich aber bereit und folgte, nachdem er sich angezogen, dem Häschen, das in schnellem Laufe durch Zimmer und Vorsaal, die Treppen hinunter, zur Stadt hinaus, über Wiesen und Felder voraneilte. Schneller war Fritz noch nie gelaufen. Endlich hielt sein Führer vor einem hohen Felsen. „Dies ist der Osterhasen-Palast", sagte Kohlfraß. „Hier werden die Eier verfertigt, die wir Hasen dann in den Gärten und Stuben für artige Kinder verstecken. Eigentlich dürfen Kinder hier nicht hinein. Da du aber besonders brav gewesen bist, so will ich dir heute einmal alles zeigen." Hierauf zog das Häschen aus einem seiner Ohren ein Schlüsselchen hervor, das es in eine Felsritze steckte. Sogleich öffnete sich eine Türe und sie traten in einen finstern Gang. Plötzlich ward es hell, und nun standen sie vor einem ungeheueren, offenen Tore, durch das man in einen großen, hellen Saal schaute, der wieder in drei kleinere Säle abgeteilt war. Vor dem Tore stand eine Hasen-Schildwache mit einem Gewehre, das sie sofort auf Fritzchen anlegte. Dieser flüchtete erschreckt hinter seinen Begleiter.

Kohlfraß aber raunte der Schildwacht nur ein Wörtchen zu, worauf diese sogleich das Gewehr senkte und ehrerbietig präsentierte. Die zwei traten nun in den ersten Saal.

„Hier werden die Eier gelegt", erklärte Kohlfraß. Fritzchen sah mit Staunen: Da kauerten Tausende von Hasen und Häschen am Fußboden, der mit weichem Moos belegt war. Sie hielten sämtlich die Vorderpfoten in die Seiten gestemmt und stöhnten und keuchten ganz schrecklich – das Legen musste doch sehr anstrengend sein! –, während der Eierhaufen neben einem jeden immer größer und größer wurde. Es waren auch Zuckerhasen darunter, die legten natürlich Zuckereier. Fritzchen sah auch welche aus Marzipan, Schokolade, ja aus Glas – und sogar aus purem Golde! Ging einmal ein Ei entzwei, dann geschah was Schnurriges: Es schlüpfte nämlich sofort ein Häschen daraus, dass sogleich fleißig mit Legen half. Andere Hasen gingen umher, sammelten die Eier in Körbchen und trugen diese fort.

Fritzchen wurde nun von seinem Begleiter in den zweiten Saal geführt. Hier saßen Tausende von Hasen auf

Kohlblättern, große Farbentöpfe neben sich und Pinsel in den Pfoten. Fritzchen bemerkte, dass sie fast alle mit Farbenkleksen bespritzt waren. Sie trugen große Brillen auf der Nase, ließen die Ohren hängen und taten sehr wichtig. „Die Maler", erklärte Kohlfraß.

Fritzchen beobachtete mit Vergnügen, wie die langohrigen Künstler mit erstaunlicher Geschwindigkeit die Eier rot, gelb, blau und grün bepinselten, allerlei Figuren hineinkratzten und auf den Zucker- und Schokoladeneiern mittels kleiner Spritzen Herzen, Namenszüge und andere Formen aus Zuckerguss anbrachten.

Die auf diese Weise fertiggestellten Eier wurden von anderen Hasen in den dritten Saal geschafft, wo sie, sorgfältig mit Moos umhüllt, in Körbe gepackt und von Hasen-Dienstmännern fortgetragen wurden.

Fritzchen war inzwischen von Kohlfraß in den dritten Saal vor den Osterhasen-König geführt worden.

Dieser, ein Hase von riesenhafter Größe, saß in einer ungeheuren Eierschale, von einer Schar von Hasen-Höflingen umgeben, die alle bei Fritzchens Eintreten aufsprangen und höflich „Männchen" machten – was bei den Hasen dasselbe wie bei unseren Soldaten das Salutieren ist. Seine Majestät hatte erstaunlich lange Ohren, die durch den ganzen Saal reichten und deren er sich ab und zu bediente, einem unfolgsamen Untertanen eine Ohrfeige zu verabreichen. Er redete übrigens Fritzchen sehr freundlich und leutselig an, riet ihm, immer so brav und gut zu bleiben wie bisher, und überreichte ihm schließlich ein Osterei. Hocherfreut seinen Dank stammelnd, wollte Fritzchen es entgegennehmen, erfasste es auch bereits, da – o weh! – entglitt es seiner Hand und zerschlug – klack! – auf dem Fußboden. Sogleich kamen eine Menge der Hasen daraus hervor, die fingen an zu legen und legten und legten – ein Ei nach dem andern, in einem fort, in einem fort! Im Nu war der ganze Boden mit Eiern bedeckt. Die Hasen aber legten weiter und immer weiter. Jetzt reichte der Eierhaufen schon bis an Fritzchens Schultern. Und mit einmal ward ihm schwarz vor den Augen, ihn überkam eine furchtbare Angst, er schrie laut auf und – erwachte. Er lag in seinem Bette: Alles war verschwunden, bis auf ein kleines Schokoladenei, das er in der Hand hielt. Darauf stand ein K und ein L: König Lampe.

Joachim Ringelnatz

Das Häslein

Unterm Schirme, tief im Tann,
hab ich heut gelegen,
durch die schweren Zweige
rann reicher Sommerregen.

Plötzlich rauscht das nasse Gras –
stille! Nicht gemuckt!
Mir zur Seite duckt
sich ein junger Has.

Dummes Häschen,
bist du blind?
Hat dein Näschen
keinen Wind?

Doch das Häschen, unbewegt,
nutzt, was ihm beschieden,
Ohren, weit zurückgelegt,
Miene, schlau zufrieden.

Ohne Atem lieg ich fast,
lass die Mücken sitzen;
still besieht mein kleiner Gast
meine Stiefelspitzen ...

Um uns beide – tropf – tropf – tropf –
traut eintönig Rauschen ...
Auf dem Schirmdach – klopf – klopf – klopf ...
Und wir lauschen ... lauschen ...

Wunderwürzig kommt ein Duft
durch den Wald geflogen;
Häschen schnuppert in die Luft,
fühlt sich fortgezogen.

Schiebt gemächlich seitwärts, macht
Männchen aller Ecken ...
Herzlich hab ich aufgelacht:
Ei, der wilde Schrecken!

Christian Morgenstern

Vom Ehrgeiz älterer Osterhasen

Als unsere Jungen Bübchen waren, stellten wir ein Eierkörbchen mit einem Biskuitlämmchen neben eine Hyazinthe und riefen mit wundergläubiger Flüsterstimme: „Schaut mal, dort drüben – hat der Osterhase da nicht etwas liegen gelassen? Vielleicht für euch?"

Je erwachsener die Buben wurden, desto unverkennbarer wandelte sich das Wundergläubige in ihnen in trüffelschweinerne Sensationsbegierde. Einer nach dem anderen machte die schlichten Einfälle unseres Osterhasen despektierlich herunter. Als Vater musste ich mir sagen lassen, dass die Osterhasen anderer Eltern ihre Eier interessanter zu legen verstanden und als Meister des Versteckens Erstaunliches leisteten. Derlei hatten sie in der Schule erfahren.

Nach dieser Kritik ging unser Osterhase in sich, um dramatisch aus sich herauszugehen. Seine vormals tiefinnerliche Kunst, mit einem symbolischen Lamm und einigen Eiern auf das Fest der Auferstehung hinzuweisen, verlor von Jahr zu Jahr an Gehalt und nahm an Sportlichkeit zu. Als die Jungen auf die Schwelle der Flegeljahre zuschritten, zog der Osterhase die Konsequenz. Seine Versteckideen verfielen mit den Manieren der Beschenkten. Er nagelte Schokoladetafeln unter die Tischplatte und versteckte gefärbte Eier in die Kugellampe der Toilette. „Wollen doch mal sehen", sagte er mit ebenso intrigant wie väterlich verschränkten Pfoten, „ob die Herren Lausbuben mit ihren durchtriebenen Instinkten solchen Verstecken gewachsen sind."

Allmählich entwickelte sich der Osterhase zum hochbegabten Regisseur des Chaos. Seine heidnischen Versteckspiele hinterließen durchwühlte Aschenkästen, umgestürzte Sessel, zwischen deren Drahtgeflecht sechshändig zerdrückte Marzipanküken klebten, und herabgestürzte Gardinenstangen, hinter denen es silbern geflimmert hatte. Einer seiner besten Ideen war ein ins Katzenkistchen gewühltes Stanniolküken, das blitzend aus dem frischen Torf fuhr, als die Katze es befremdet hochscharrte. Dieses Ei wurde angewidert bejubelt und der Osterhase hart getadelt, als sie das Stanniol herunterfetzte und ein nacktes Nougatküken unter den Eisschrank jagte.

Ehrgeiz und Starübermut zerfraßen den Osterhasen in mir so sehr, dass jedes Osterfest bei uns von familiären Albtraumpsychosen eingeleitet und beendet wurde. Vier Wochen vor Ostern durchstreifte ich alle Räume und erforschte für den Osterhasen noch nie da gewesene Verstecke. Diese Verstecke durften a) nicht konventionell, b) nicht auffindbar sein und mussten c) die Überlegenheit der alten Osterhasengeneration über die jüngste schlagend beweisen. Auf diese Weise wurden die lernbegierigen Jungen geradezu süchtig, Eier zu finden und die Zimmer auseinanderzunehmen. Verzweiflungsausbrüche, die von Vatermordgedanken angeheizt wurden, wechselten mit zornigen Entdeckerfreuden. Ostern war für mich die Zeit, dem Zorn der jungen Männer einen festen Grund zu geben.

Wo, sagten sie sich als ausgewachsene Männer, wird so viel österliche Hetze im Leben noch einmal geboten?

Bei uns, wenn wir mal selber Jungen haben, um keinen Preis. Man sieht zu genau, wohin das führt; die Teppiche hochgerollt, die Wanduhr zerlegt, weil es hinter dem Zifferblatt deutlich nach Kokosei roch, der zweitälteste zerbeult und sauer, weil er ein aufgespürtes Eiernest mit seinen Brüdern teilen sollte. Der jüngste verheult, weil aus seinem Fahrradsattel hellgelber Dotter floss, die Bücher aus den Regalen gezerrt, weil sich im Vorjahr hinter Gottfried Kellers „Grünem Heinrich" ein Krokanthase versteckt hatte. Die Hausfrau wie eine fauchende Wildkatze und der Friede bis Pfingsten demoliert – nein, einen solchen Rummel veranstalten wir später nicht, wir sind ja keine Narren. Aber solange sie bis zur heiligen Osterzeit das Elternhaus erreichen konnten, fuhren sie über Strecken von 800 Kilometern nach Hause, um die Hybris des Osterhasen auch im achten Semester noch zu erleben. Theaterkenner wissen, dass in den mittelalterlichen Osterspielen eines Tages die unwürdige Figur eines Salbenkrämers auftrat, der den beiden Marien mit seinem Feilschen nicht wenig zu schaffen machte. Dieser Bursche riss die heilige Osterhandlung unnachsichtig an sich. Schlimmer noch – eines Tages steigerten Petrus und Johannes ihren Gang zum Grabe in einer Weise, dass die entzückte Liturgiekritik von Mund zu Mund kolportieren konnte: „Petrus stellte dem Johannes erfolgreich ein Bein, was brausende Beifallsstürme nach sich zog." So konnte es nicht weitergehen. „Marsch, hinaus auf den Marktplatz, wo ihr hingehört, ihr Buben!", rief die empörte Geistlichkeit, womit die Geburt des Festspiel-Theaters aus der Osterliturgie vollzogen war.

Das Haus begann Jahr für Jahr mehr vor seiner wochen-füllenden Abseitigkeit unseres Osterhasen zu zittern: Sein Publikum suchte ihn an Schurkerei zu überteufeln, seine Bedenkenlosigkeit in der Wahl der Verstecke wurde kriminell. Aber wie zwielichtig doch der Mensch beschaf-fen ist: Die Jungen haben an diesem destruktiven Oster-hasen mit einem Kinderglauben festgehalten, der sie weit über das zweite Lebensjahrzehnt begleitete. Dann waren die Verstecke erschöpft, weit früher als ihr Inte-resse, versteckte Eier aufzustöbern. Der Osterhase steht jetzt vor der Frage, soll er anbauen, um weitere Verste-cke zu ermöglichen, oder soll er die Premieren der alten Verstecke für die Enkel einfach wiederholen?

Eugen Skasa-Weiß

Vor Ostern

Wie der Märzwind stößt und stürmelt;
Dort, die graue Wolkenherde
Übern Himmel hergeblasen,
Stupft, mit weichen, nassen Nasen
An die Erde; so, als möchten
Junge Pferde hier schon grasen.

Unterm Rasen wühlt's und würmelt.
Weidenruten wehen gelber,
Wie wenn sie sich Zöpfe flöchten.
Menschen gehen auf den Straßen,
Reden seltsam mit sich selber,
Rührn die Hände, wild bewegt,
Wie wenn mit dem Wind sie föchten.

Und dein Kind jagt aufgeregt
Nach dem ersten Osterhasen.

Eugen Roth

Wenn es den Osterhasen gäbe ...

Was den Osterhasen angeht: Ich habe zehn Jahre meines Lebens gebraucht, um zu begreifen, dass es ihn nicht gibt. Dann benötigte ich weitere dreißig Jahre, um den Gedanken fassen zu können, dass es ihn doch geben könnte und sollte.

Manchmal stelle ich mir jedenfalls vor, wie es wäre, es existierte aus irgendeiner entwicklungsgeschichtlichen Laune heraus neben dem Menschen eine zweite aufrecht gehende, denkfähige, im Durchschnitt eins siebzig große Art, welche Autos fährt, in Häusern lebt und in Supermärkten einkauft.

Der Hase nämlich.

(Welcher, wenn er mit einem Fahrrad führe, die Fahrtrichtung durch nach links oder rechts herausgeklappte Hasenohren anzeigen könnte. Aber das nur nebenbei.)

Wir müssten uns also die Welt mit den Hasen teilen. Es könnte jederzeit passieren, dass du eines Abends nach Hause kommst, es steht ein Möbelwagen vor der Tür, Möbelpacker schleppen Sachen treppauf. Du kommst in deine Wohnung.

Und du sagst, während du deinen Mantel an der Garderobe aufhängst: „Na, ist im zweiten Stock endlich eine neue Familie eingezogen?"

Und deine Frau antwortet: „Ja, es sind Hasen."

Fortan spielt dein Sohn im Hinterhof mit den Hasenkindern, und der Hasenmann von nebenan zieht morgens im Flur höflich einen Hut von den Löffeln, um deine Frau zu grüßen, und du flirtest beim Bäcker mit seiner süßen Hasenfrau und entdeckst eine kleine sodomitische Neigung bei dir, aber nur eine klitzekleine. Na, die Frage ist ja nun, ob die Hasen eine andere Sprache sprechen würden, die man an der Volkshochschule erst lernen müsste, so wie Dr. Dolittle erst die Sprache der Tiere lernen musste, um sich mit ihnen zu verstehen. Nein, das glaube ich nicht. Haben Sie mal „Mein Freund Harvey" mit James Stewart gesehen? Stewart spielt einen wohlhabenden Trunkenbold namens Elwood P. Dowd, der sich einbildet, mit einem zwei Meter zehn großen Kaninchen zusammenzuleben. Oder vielleicht bildet er es sich auch nicht ein, sondern es gibt tatsächlich ...? Jedenfalls ist von einer besonderen Kaninchensprache nicht die Rede. Stewart/Dowd redet mit dein Tier ganz normal.

Und was würden die Hasen beruflich so machen?

Das ist klar: Sie wären wirklich nur für Ostern zuständig, für Herstellung, Einkauf, Verteilung und Versteckung von Ostersüßwaren. Entweder in lauter kleinen Hasenfirmen, welche sich gegenseitig Konkurrenz machten. Oder in einer einzigen großen, weltweit operierenden Easter Bunny Inc. mit einem fetten Bonzenhasen an der Spitze, welcher, an einer Möhre lutschend, sich in einem Riesenbüro in Manhattan in einem mit Ostergras gepolsterten Chefsessel räkelte.

Könnte man sich auch einen Osterminister vorstellen, welcher Jahr für Jahr vor die Presse tritt, um mit bedeutender Gebärde den Umfang der diesjährigen Eierkontingente bekannt zu geben?

Ja, das könnte man.

Ich weiß nicht, wie diese Hasen sonst noch wären. Langweilig, weil sie nur über Ostern, Eier und ihr Business zu sprechen in der Lage wären? Oder geduldig interessierte Zuhörer, die, weil sie ja sonst das Jahr über wenig zu tun haben, stundenlang auf unseren Sofas sitzen könnten, um unserem Weltgejammer zu lauschen?

Egal. Worauf es ankommt, ist doch, dass etwas Neues in unser rätselloses Dasein käme, etwas ganz anderes, bisher Undenkbares: große, sprechende, denkende Hasen, welche auch uns Erwachsenen an Ostern etwas zu suchen geben.

Gerade lese ich, in Japan nehme die Zahl der Roboterhaustiere weiter zu; es gebe nicht mehr bloß Robothunde und -katzen, sondern auch künstliche Fische, Hummer und Quallen. Vielleicht surrt eines Tages ein großer, mechanisch sprechender Kunsthase durchs Treppenhaus, hmmm, nun ja ...

Immer noch besser als gar nichts.

Axel Hacke

Fröhliche Ostern

Da seht aufs Neue dieses alte Wunder:
Der Osterhase kakelt wie ein Huhn
und fabriziert dort unter dem Holunder
ein Ei und noch ein Ei und hat zu tun.

Und auch der Mensch reckt froh bewegt die
Glieder – er zählt die Kinderchens:
eins, zwei und drei ...
Ja, was errötet denn die Gattin wieder?
Ei, ei, ei,
ei, ei,
ei!
Der fleißige Kaufherr aber packt die Ware
ins pappne Ei zum besseren Konsum:
ein seidnes Schnupftuch, Nadeln für die Haare,
die Glitzerbrosche und das Riechparfum.

Das junge Volk, so Mädchen wie die Knaben,
sucht die voll Sinn versteckte Leckerei.
Man ruft beglückt, wenn sies gefunden haben:
Ei, ei, ei
ei, ei,
ei!

Und Hans und Lene steckens in die Jacke,
das liebe Osterei – wen freut es nicht?
Glatt, wohlfeil, etwas süßlich im Geschmacke
und ohne jedes innre Gleichgewicht.

Die deutsche Politik ... Was wollt ich sagen?
Bei uns zu Lande ist das einerlei –
und kurz und gut:
Verderbt euch nicht den Magen!
Vergnügtes Fest! Vergnügtes Osterei!

Kurt Tucholsky

Liebes Häschen

Liebes Häschen, willst du morgen
uns für Ostereier sorgen?
Liebes Häschen, bringe bald
bunte Eier aus dem Wald.

Weiches Moos und grüne Ästchen
holen wir für dich fürs Nestchen
und daneben legen wir
Gras und Klee zur Speise dir.

Und der Hund muss an die Kette
und wir Kinder gehn zu Bette,
dass dir niemand Bange macht,
wenn du leise kommst zur Nacht.

Osterhas, Osterhas,
komm mal her, ich sag' dir was:
„Hopse nicht an mir vorbei,
bring mir ein großes Osterei!"

Grünes Gras
frisst der Has.
Hinterm Baum
ist sein Raum,
dort ist das Häslein
sicher allein.

Erst kommt der Osterhasenpapa,
dann kommt die Osterhasenmama.
Und hinterdrein, so klimperklein,
die Osterhasenkinderlein.
Sie haben braune Röckchen an
und weiße Stummelschwänzchen dran
und machen ihren Ostergang
da draußen auf dem Feld entlang.

Unterm Baum im grünen Gras
sitzt ein kleiner Osterhas!
Putzt den Bart und spitzt das Ohr,
macht ein Männchen, guckt hervor,
springt dann fort mit einem Satz,
und ein kleiner frecher Spatz,
schaut jetzt nach, was denn dort sei.
Und was ist's? Ein Osterei!

Der Hahn ist bunt,
das Ei ist rund.
Du lieber Gott, lass das Huhn gesund,
dass es kann legen die Eier so rund.

Ei seht, da springt vom Walde
der Osterhase her,
ein Körbchen auf dem Rücken:
„Wo ist ein Nestchen leer?
Ich fülle es mit Eiern
von bunter Farbenpracht –
doch nur für brave Kinder
hab' ich sie mitgebracht!"

„Wird bald Ostern sein.
Kommt hervor, ihr Blümelein,
komm hervor, du grünes Gras,
komm herbei, du Osterhas';
komme bald und fehl mir nit,
bring auch deine Eier mit."

Ich schenke dir
ein Osterei.
Wenn du's zerbrichst,
so hast zu zwei.

Volksgut

Vater und Sohn –
Osterüberraschung

e. o. plauen

Der Osterhase

„Sie", sprach einst der Hahn zum Hasen höflich, doch ein wenig gereizt – „Sie sind ja wieder einmal unglaublich populär. Ich möchte endlich das Jahr erleben, wo nicht Millionen von Osterkarten mit Ihrem Bild verschickt werden." Dem Hasen traten Zornestränen in die Lichter. „Ich danke für diese Popularität. Ja, ich pfeife auf die Popularität. Wie stehe ich da vor den andern Säugetieren – mit meinem Nest voll bunter Eier? Herr, ich bin nur ein bescheidener Feld-, Wald- und Wiesenbewohner, doch ich habe meine Mission in der Natur, ich erfülle einen höheren, wenn auch kleinen Zweck: die Fortpflanzung meiner Art. Ich bin beliebt bei Hoch und Nieder. Da erfindet irgendein müßiges Gehirn das Märchen vom Osterhasen – ich brauche Ihnen doch wohl nicht erst zu versichern, dass kein Wort daran wahr ist –, und mein Ansehen ist dahin: Ich bin für ewig lächerlich geworden. Was ich auch tue und wirke – man nimmt es mit beleidigendem Schmunzeln hin; jeder denkt, wenn er meinen Namen hört, an das Nest mit den bunten Eiern."

Der Hahn antwortete sinnend:

„Was wollen Sie? Die Menschen sind nun einmal oberflächlich. Die Sarah ist nicht durch ihre Kunst berühmt geworden, sondern durch ihre Magerkeit und wird das Urbild der Magerkeit noch genannt werden, wenn ihre Kunst längst vergessen ist. Moltke heißt „der große Schweiger" – warum nicht „der große Feldherr"? Pepita ist ein Stoff – Menschikoff und Raglan sind Mäntel –, Rostoptschin ein Schnaps – Henry Clay kein Staatsmann, sondern eine Zigarre. Unsern Kindern wird Girardi ein Hut sein. Durch ein Ei ist Kolumbus bekannter als durch seine Entdeckungen geworden – und vom frommen Schweppermann wüsste kein Mensch, wenn er nicht ... Sie kennen doch die Geschichte? – Es hat sein Gutes, ich versichere Ihnen: Es hat sein Gutes. Missverstanden oder beschimpft sein, ist gewiss nicht angenehm; immer noch besser, als vergessen zu werden."

Alexander Roda Roda

Osterhas

Welch ein schönes Nest
Hat mein Liebchen entdeckt!
Unterm Veilchenbusch
Fein war es versteckt.

Wilhelm Raabe

Hahn, Henne und das Osterei

Das Huhn

In der Bahnhofshalle, nicht für es gebaut,
geht ein Huhn
hin und her ...
Wo, wo ist der Herr Stationsvorsteh'r?
Wird dem Huhn
man nichts tun?
Hoffen wir es! Sagen wir es laut:
dass ihm unsre Sympathie gehört,
selbst an dieser Stätte, wo es – „stört"!

Christian Morgenstern

Die Henne

Es war mal eine Henne fein,
die legte fleißig Eier;
und pflegte denn ganz ungemein,
wenn sie ein Ei gelegt, zu schrein,
als wär' im Hause Feuer.
Ein alter Truthahn in dem Stall,
der Fait vom Denken machte,
war bös darob und Knall und Fall
trat er zur Henn' und sagte:
„Das Schrein, Frau Nachbarin, war eben nicht vonnöten;
und weil es doch zum Ei nichts tut,
so legt das Ei und damit gut!
Hört, seid darum gebeten!
Ihr wisset nicht, wie's durch den Kopf mir geht."
„Hm!", sprach die Nachbarin und tät
mit einem Fuß vortreten.
„Ihr wisst wohl schön, was heuer
die Mode mit sich bringt, Ihr ungezognes Vieh!
Erst leg' ich meine Eier,
denn rezensier' ich sie."

Matthias Claudius

Nachdenkliche Hühner

Ein Schweizer Huhn wollte Schokoladeneier legen. Es versuchte, viele Pralinen zu fressen, und nach einigen Monaten, während der Osterfeiertage, gelang es ihm, Eier mit bräunlicher Schale zu legen, das war alles. Es war so enttäuscht, dass es den Entschluss fasste, auf die Schweizer Staatsbürgerschaft zu verzichten.

Luigi Malerba

Gnädige Erlaubnis

Ein Osterduett für einen Hasen und eine Henne
Henne:
Gock-gack! Gock-gack!
Postz Schabernack!
Eier legt der Hase?
Richtig, im Grase
seh' ich sie liegen –
s' ist doch gleich um den Pips zu kriegen!
Lampe, was hast du dich erfrecht? –
Eier zu legen ist allerwegen
doch in der Welt mein Geschäft und Recht!
Wofür bezahl' ich denn Steuer und Zins?

Rote und blaue?
Gelbe und graue?
Sind das Eier? Rechtschaffne Eier?
Zauber- und Teufelseier sind's!
Wart'! Das sag' ich der Polizei!
Wart'! Die wird dir das Handwerk legen!

Osterhase:
Aber so mach' doch kein solches Geschrei
der paar lumpigen Eier wegen!
Tu's ja doch um der Kinder willen
ganz im Stillen!

Bist doch sonst ein verständiges Huhn.
Will's ja im Jahr auch nicht wieder tun!

Wenn ich's zu Ostern tu',
drück' nur ein Auge zu!
Bitte empfiehl mich dem wackeren Herrn Hahn!
Eier von Zucker und Marzipan
würden dir doch nicht zu legen gelingen.

Henne:
Geht auch nicht zu mit rechten Dingen!

Osterhase:
Hör' nur der Kleinen Jubeln und Singen!
Sieh' nur, sie suchen die Eier im Gras!
Geh' und verdirb mir nicht heute den Spaß!

Henne:
Sei's um die Kinder denn! Gock und gack! Aber auch
nur für den Ostertag!

Julius Lohmeyer

Pumm und das Osterlamm

Dass Pumm etwas Besonderes war, bezweifelte niemand von uns. Aber was er sich Ostern leistete, zeigte, dass er auch ein einsichtiger Hund war, bereit, seine Sünden wiedergutzumachen und sich zu bessern.

Pumm war ein Langhaardackel und gehörte meinem Bruder Billi. Trotz seines seidenfeinen Haares und der zierlichen Figur war er ein ganzer Mann. Mit einigen Vorzügen und sehr vielen Nachteilen. So hätte Pumm sich eher in seine Schlappohren gebissen, als irgendjemandem von uns zu gehorchen. Rief man ihn, kratzte er sich nur gedankenvoll am Hinterkopf oder tat, als ob er schliefe. Auf unseren Streifzügen übernahm er stets – zehn Meter voran – die Führung. Kamen wir auf die Idee, plötzlich eine andere Richtung einzuschlagen, setzte er sich schleunigst in Trab und schnitt uns den Weg ab, um wieder an die Spitze zu gelangen.

An Nahrungsmitteln liebte er Eier, die er als Feinschmecker gern frisch gelegt zu sich nahm. Von hysterischem Gegacker alarmiert, eilten wir dann in den Hühnerstall und ertappten Pumm dabei, wie er die protestierenden Rodeländer Hennen sanft vom Nest zu schubsen versuchte, um an ihr Produkt zu kommen.

Katzen legten weniger Wert auf seine Bekanntschaft. Nur Frieda, unsere Hauskatze, fürchtete ihn nicht. Wenn er den Burgfrieden vergaß und voller Mordgier auf sie zuraste, drehte sie sich bloß gemächlich nach ihm um, winkte lässig mit der Pfote und fauchte ihn an, als wolle sie sagen: „Wohl wahnsinnig geworden, was?" Das brachte ihn dann wieder zur Besinnung.

Mutter hatte es aufgegeben, sich darüber aufzuregen, dass er nachts an Billis Fußende schlief und dessen Zehen als Lutschstangen benützte. Nur unsere Patentante Adele, die einmal im Jahr zu Besuch kam, zeigte sich entsetzt und meinte, bei uns ginge es ja schlimmer zu als bei den Wilden.

Es gab für Billi nichts, das er mehr liebte als Pumm, ausgenommen seiner Zuckerschafe. Er hatte schon eine ganze Herde dieser merkwürdigen Geschöpfe im Wohnzimmer in seinem kleinen Nippesschrank stehen. Jedes Ostern kam ein neues hinzu. Sie waren rosa, weiß oder hellblau. Sie zeigten sich meist in ruhender Haltung, trugen um den Hals ein goldenes Glöckchen, und ihr Fell bestand aus lauter winzigen Schaumzuckerlöckchen. Billi war fasziniert von ihnen. An den Sonntagen, wenn wir längst schlafen mussten, holte er sie in sein Bett, spielte oder unterhielt sich mit ihnen. Pumm saß oft vor dem kleinen Glasschrank und starrte mit undurchdringlicher Miene auf die dümmlich vor sich hin glotzenden Lämmchen.

„Siehst du", sagte Billi dann stolz, „Pumm gefallen sie auch! "Ein paar Tage vor Ostern hörte es auf zu regnen. Es wurde warm. Ein lauer Wind begann die großen Pfützen auf der Dorfstraße auszutrocknen. Wir holten Moos für unsere Osternester aus dem Wald und bauten sie sorgfältig im alten Bienenschuppen.

Am Ostersonntag erwachte ich schon früh. Die Sonne weckte mich. Sie hatte sich durch die Ritzen des Fensterladens gezwängt und machte es sich auf meinem Kopfkissen bequem. Ich lief zum Fenster und stieß den Laden auf. Eine Schar Spatzen schwirrte aufgescheucht schimpfend aus dem Efeu davon. Im Haus regte sich nichts. Auch draußen war es noch still. Nur aus dem Kuhstall drang Milchkannengeklapper. Ich lief nebenan zu Billi. Er schlief noch fest in seine Kissen vergraben. Nur Pumm wühlte sich unter der Bettdecke hervor und begrüßte mich gähnend.

Hastig zog ich mir ein Paar Trainingshosen und einen Pullover über, klemmte Pumm wie ein Paket unter den Arm und sprang mit ihm aus dem niedrigen Fenster. Was für ein Tag! Und er gehörte mir allein. Gefolgt von Pumm, schlenderte ich über den Rasen zum Gartenzaun.

Ich sah zum See hinüber. Ein rötlicher Dunst lag über dem Wasser. Die feierliche Stille stimmte mich froh. Ich beschloss, wenigstens für heute ein gutes Kind zu sein, und überlegte, ob wohl auf der großen weißen Wolke, die da über den Aprilhimmel segelte, mein Schutzengel saß. Zwar hatte ich ihn noch nie gesehen, aber zweifellos musste es ihn geben.

Ich stellte ihn mir in einer Art Nachthemd vor mit einem goldenen Band im Haar. Aus meinen Träumen weckte mich Vaters Stimme. Er beugte sein von Seifenschaum umrahmtes Gesicht aus dem Fenster und rief: „Was treibst du dich denn schon draußen herum, marsch, ab ins Bett mit dir!" Ich gehorchte.

Als ich zum zweiten Mal erwachte, hörte ich Billi leise nach mir rufen. Ich ging zu ihm hinüber. Er stand am Fenster und sah durch die Gardinen zum Bienenschuppen hinüber. „Sieh mal da, der Osterhase", sagte er und grinste. Ich sah, wie Mutter sich über unsere Nester beugte und etwas hineintat. „Braver Osterhase", sagte ich kichernd. Wir beeilten uns mit Anziehen und liefen zu unseren Eltern, um ihnen artig ein frohes Osterfest zu wünschen. Dann rannten wir zu den Nestern. Auf dem Rückweg streichelte Billi zärtlich sein schönstes Osterei, ein rosarotes Zuckerschäfchen. Sorgsam stelle er es in seinen Schrank, bevor er sich ans Frühstück machte.

Wie jedes Jahr thronte ein mächtiger Papphase, dessen Kopf vor Alter leicht wackelte, von kleineren Hasen umgeben, auf einem mit grüner Holzwolle bedeckten Silbertablett. Seine rechte Vorderpfote war während seines Winterschlafes von einer vorwitzigen Maus amputiert worden, was sein Gleichgewicht etwas erschwerte. Außerdem hatten mein Bruder und ich Eierschalen höchst kunstvoll bemalt in Vasen verwandelt, mit Veilchen gefüllt und damit den Tisch geschmückt. Wir hatten gerade das erste hart gekochte, bunt gefärbte Hühnerei aufgeklopft und ausgepellt, da hörten wir aus dem Wohnzimmer ein merkwürdig knirschendes Geräusch.

Vater bestreute sein Ei mit Salz und sagte: „Schon wieder Mäuse! Wie oft habe ich gesagt, es sollen Fallen aufgestellt werden, aber in diesem Haus wird ja nie auf mich gehört!" Das Geräusch ging in ein scharfes Knacken über.

„Ich geh mal nachsehen", sagte Billi. Auch wir anderen warfen unsere Servietten auf den Tisch und folgten ihm. Und dann sahen wir die Bescherung. Pumm hatte die halb offene Tür zu Billis Heiligtum aufgestoßen und sämtliche Zuckerlämmer ermordet. Überall im Zimmer waren ihre traurigen Überreste verstreut, und auf dem Teppich lagen die Glöckchen. Das jüngste, dieses Ostern geborene Schäflein, hielt Pumm zwischen seinen Zähnen. Der Kopf sah traurig aus Pumms Schnauze. Stumm vor Entsetzen stürzte sich Billi auf ihn, um ihm das letzte Opfer zu entreißen. Doch Pumm, der als Skorpion gern seine Launen kultivierte, schnappte nach seiner Hand. Ungläubig starrte Billi ihn an, wurde schneeweiß, dann feuerrot. Sein Liebling hatte ihn gebissen! Er warf uns einen wilden Blick zu und stürzte aus dem Zimmer.

Vater räusperte sich. „Hast du nicht noch eins von diesen albernen Tieren?", fragte er die Mutter. Aber sie schüttelte bedauernd den Kopf. Sie ließ sich diese Lämmer von auswärts schicken, weil es in unserer Gegend so etwas Köstliches nicht gab, und sie hatte sie alle verschenkt. Das letzte hatte Nachbars Lenchen bekommen. Sie waren sehr begehrt. Nur ich machte mir nichts daraus.

Vater packte den immer noch kauernden Dackel im Genick und gab ihm ein paar ordentliche Klapse. Pumm jaulte laut und kroch pikiert unter das Sofa. Sogar ich als sonst ziemlich mitleidlose Schwester hatte Verständnis für Billis Kummer. Eine Stunde später fuhren wir zur Kirche. Großzügig ließ ich Billi vorn sitzen und kutschieren. „Habt ihr Pumm auch eingesperrt?", fragte Mutter.

„Der sitzt noch unter dem Sofa", sagte ich. Pumm dachte nicht daran, unter dem Sofa zu sitzen. Nach gut zwei Kilometern regte sich was unter unseren Sitzen. Triumphierend erschien Pumms Kopf.

„Verdammter Köter", sagte Vater. Zum Umkehren war es zu spät. Natürlich konnten wir Pumm nicht in die Kirche mitnehmen. Wir ließen ihn im Gasthaus zurück.

Die Kirche war voll. Vor mir saß Nachbars Lenchen und warf ihre Zöpfe zurück, damit ich ihre neuen Zopfhalter bewundern konnte. Sie waren mit bunten Steinen besetzt und funkelten ordentlich. Die Gemeinde sang gerade „Wach auf mein Herz und singe", da öffnete sich noch einmal die Kirchentür hinter uns. Ein Nachzügler erschien, hinter ihm kam Pumm. Würdevoll stolzierte er die Reihen entlang, bis ihn Vaters Hand packte und ihn zwischen seine Beine klemmte. Wir hatten keine Zeit mehr, ihn hinauszubefördern.

Der Gottesdienst begann. Unser alter Pastor hielt eine sehr schöne Osterpredigt. Er sprach von Nächstenliebe und Barmherzigkeit und dass man seinen Feinden vergeben sollte. Als er sagte, es sei im Leben nie zu spät, etwas wiedergutzumachen, ertönte ein lautes Wuff durch die Kirche. Irritiert schwieg der alte Herr, ehe er fortfuhr, uns die christlichen Tugenden auszumalen, und durch die Gemeinde ging eine leichte Bewegung. Mutter sah sich verlegen um, und Vater starrte aufmerksam in sein Gesangbuch.

Am Nachmittag gingen wir zu Nachbars Lenchen hinüber. Pumm folgte uns, obwohl wir ihn mit Nichtachtung straften. Unterstützt von mir, versuchte Billi, sie zu überreden, ihm ihr Zuckerlamm zu überlassen. Ich bot ihr dafür sogar mein schönstes Oblatenbild, eine weiße ringgeschmückte Frauenhand, auf deren Zeigefinger ein Täubchen saß. Vergeblich! Lenchen bekam einen Strichmund und wollte nicht. Verdrossen kehrten wir um. Wir hatten gerade unsere Haustür erreicht, da hörten wir, wie Pumm hinter uns hergejagt kam, gefolgt von dem schluchzenden Lenchen. Pumm schoss an uns vorbei ins Haus. Wir eilten ihm nach. Genau vor Billis Glasschrank ließ er etwas behutsam zu Boden gleiten. Es war Lenchens Osterlamm. Lenchen, die uns unterdessen eingeholt hatte, flennte laut und nannte Pumm einen Mistköter und Schlimmeres, bis Vater erschien, sie beruhigte und ihr versprach, etwas Schönes als Ersatz zu kaufen, denn nun mochte Lenchen ihr Lamm nicht mehr. Dabei war es nur ein wenig feucht geworden, sonst aber unversehrt.

Mein Bruder wusch das Lämmchen mit lauwarmem Wasser ab und stellte es dann in seinen Schrank. Danach gab es eine große Versöhnungsszene mit dem Dackel. Vater meinte aber, der Hund hätte sich heute früh an den zuckrigen Dingern überfressen und nur deshalb Lenchens Schaf einfach herumgeschleppt. Doch Billi und ich waren anderer Ansicht.

In dieser Nacht schlief Pumm nicht am Fußende. Er lag sehr unbequem in Billis Armen und schnarchte vor Luftmangel so laut, dass ich es nebenan hören konnte.

Ilse Gräfin von Bredow

Wenn Ostern in den April fällt

April

Das ist die Drossel, die da schlägt,
der Frühling, der mein Herz bewegt;
ich fühle, die sich hold bezeigen,
die Geister aus der Erde steigen.
Das Leben fließet wie ein Traum –
mir ist wie Blume, Blatt und Baum.

Theodor Storm

Der April

Der Regen klimpert mit einem Finger
die grüne Ostermelodie.
Das Jahr wird älter und täglich jünger.
O Widerspruch voll Harmonie!

Der Mond in seiner goldenen Jacke
versteckt sich hinter dem Wolkenstore.
Der Ärmste hat links eine dicke Backe
und kommt sich ein bisschen lächerlich vor.
Auch diesmal ist es dem März geglückt:
Er hat ihn in den April geschickt.

Und schon hoppeln Hasen
mit Pinsel und Tuben
und schnuppernden Nasen,
aus Höhlen und Gruben
durch Gärten und Straßen
und über den Rasen
in Ställe und Stuben.

Dort legen sie Eier, als ob's gar nichts wäre,
aus Nougat, Krokant und Marzipan.
Der tapferste legt eine Bonbonniere.
Er blickt dabei entschlossen ins Leere.
Bonbonnieren sind leichter gesagt als getan.

Dann geht es ans Malen.
Das dauert Stunden.
Dann werden noch seidene Schleifen gebunden.
Und Verstecke gesucht. Und Verstecke gefunden:
hinterm Ofen, unterm Sofa,
in der Wanduhr, auf dem Gang,
hinterm Schuppen, unterm Birnbaum,
in der Standuhr, auf dem Schrank.

Da kräht der Hahn den Morgen an!
Schwupp, sind die Hasen verschwunden.
Ein Giebelfenster erglänzt im Gemäuer.
Am Gartentor lehnt und gähnt ein Mann.
Über die Hänge läuft grünes Feuer
die Büsche entlang und die Pappeln hinan.
Der Frühling, denkt er, kommt also auch heuer.
Er spürt nicht Wunder noch Abenteuer,
weil er sich nicht mehr wundern kann.

Liegt dort nicht ein kleiner Pinsel im Grase?
Auch das kommt dem Manne nicht seltsam vor.
Er merkt gar nicht, dass ihn der Osterhase
auf dem Heimweg verlor.

Erich Kästner

April! April!

April! April!
Der weiß nicht, was er will.
Bald lacht der Himmel blau und rein,
bald schaun die Wolken düster drein,
bald Regen und bald Sonnenschein.
Was sind mir das für Sachen,
mit Weinen und mit Lachen
ein solch Gesaus zu machen!
April! April!
Der weiß nicht, was er will.

Heinrich Seidel

Vater und Sohn –
Ein Jahr später

e. o. plauen

Quellenverzeichnis

Texte:

Ise Gräfin von Bredow, Pumm und das Osterlamm, aus: Dies., Ein Bernhardiner namens Möpschen und andere Erinnerungen an eine glückliche Kindheit in der Mark Brandenburg. © Scherz Verlag, Bern, München, Wien 1991. Alle Rechte vorbehalten. S. Fischer Verlag GmbH, Frankfurt am Main.

Heinz Erhardt, Ei vor Ostern © aus: Das große Heinz Erhardt Buch, Lappan Verlag Oldenburg.

Peter Frankenfeld, Ostereier, aus: Ders.: Humor ist Trumpf © 1980 by F. A. Herbig Verlagsbuchhandlung GmbH, München.

Axel Hacke, Wenn es den Osterhasen gäbe ..., aus: Ders.: Ich sag's euch jetzt zum letzten Mal. © 2000 by Verlag Antje Kunstmann, München. Abdruck mit freundlicher Genehmigung.

Erich Kästner, Die Entlarvung des Osterhasen *und* Der April, aus: Die Entlarvung des Osterhasen. Geschichten und Gedichte. Herausgegeben von Sylvia List. © Atrium Verlag AG, Zürich, 2013, und Thomas Kästner.

Rolf Krenzer, Gedichte und Reime von Osterhasen und anderen Hasen © Rolf Krenzer Erben.

Luigi Malerba, Nachdenkliche Hühner (Ein Schweizer Huhn), aus: Ders.: Die nachdenklichen Hühner. A. d. Ital. von Elke Wehr und Iris Schnebel-Kaschnitz © 1984, 1995, 2009 Verlag Klaus Wagenbach, Berlin.

Eugen Roth, Vor Ostern © Rechtennachfolger von Eugen Roth.

Eugen Skasa-Weiß, Vom Ehrgeiz älterer Hasen, aus: Dies.: Von hinten besehen. Feuilletons. Klett-Cotta, Stuttgart 1984. Abdruck mit freundlicher Genehmigung des Verlages und der Erbengemeinschaft Skasa-Weiß.

Bilder:

Cover: © stock.adobe.com/ZYTA.eM; S. 7, 10, 11, 14, 15, 16, 18, 26, 30, 37, 50, 55, 75, 77, 78: © stock.adobe.com/Robert Kneschke; S. 8, 63, 64, 65: © stock.adobe.com/Rada Covalenco; S. 17, 31: © stock.adobe.com/Yuliya; S. 19, 38, 45, 49, 61, 62, 67: © stock.adobe.com/antondzyna; S. 20, 58: © stock.adobe.com/Ferdinand; S. 43: © stock.adobe.com/singmuang; S. 53: © stock.adobe.com/fraismedia; S. 74: © stock.adobe.com/QPic.

Wir danken allen Rechteinhabern für die freundliche Abdruckerlaubnis. Der Verlag hat sich bemüht, alle Rechteinhaber in Erfahrung zu bringen. Für zusätzliche Hinweise sind wir dankbar.